REVUE TRIMESTRIELLE
DE
DROIT CIVIL

EXTRAIT

L'ÉTUDE
DU DROIT COMPARÉ

Par M. Henri HAYEM
Docteur en droit, Privat-docent à l'Université de Genève.

LIBRAIRIE
DE LA SOCIÉTÉ DU RECUEIL J.-B. SIREY & DU JOURNAL DU PALAIS
Ancienne Maison L. LAROSE & FORCEL
L. LAROSE & L. TENIN, Directeurs
22, rue Soufflot, PARIS, 5e Arrd.

L'ÉTUDE DU DROIT COMPARÉ (1)

Par M. Henri Hayem,

Docteur en droit, Privat-docent à l'Université de Genève.

C'est en 1831 que fut inauguré, en France, l'enseignement du droit comparé. Eugène Lerminier, qui fonda cet enseignement, avait alors vingt-huit ans. Il avait donné des cours libres en 1828-1829, sur l'histoire philosophique et littéraire du droit, et, en 1829-1830, sur l'histoire du droit romain (2). Une *Introduction générale du droit*, qu'il avait publiée en 1829, avait été remarquée. Il avait publié, dans le *Globe* du 14 octobre 1830, un article, où il avait accusé l'éclectisme cousinien d'avoir « semé le scepticisme dans les esprits » et d'avoir produit l'effet d' « un véritable *dissolvant* », parce qu'il s'était « montré exclusivement critique et historique » et qu'il avait négligé de se prononcer « sur la nature du but vers lequel gravite l'humanité ». On fondait sur ce jeune homme de brillantes espérances, on louait fort son indépendance d'esprit et son goût pour la libre recherche, et on l'avait jugé digne d'une chaire magistrale au Collège de France.

Ses premières paroles, en ouvrant le premier cours français de droit comparé furent les suivantes :

« Les résolutions ne changent pas seulement le sort et la con-
« dition des peuples, elles déplacent aussi les bornes de la
« science et de la pensée pour les porter plus loin. A chaque
« catastrophe historique, l'esprit de l'homme, même à son insu,
« fait un pas, comprend mieux les lois modératrices du monde,

(1) Leçon inaugurale d'un cours de droit comparé professé à l'Université de Genève.

(2) Lerminier, *Philosophie du droit*, 2 vol., in-8°, 1831, t. 1er, p. iij, note.

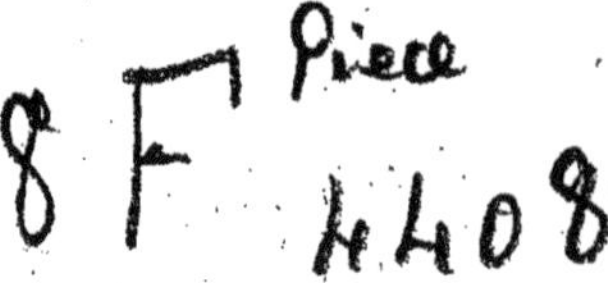

« et devient meilleur philosophe, juge mieux les faits accomplis, « et devient plus grand historien. Aussi est-il véritablement digne « d'un gouvernement qui est sorti de la lutte du droit et de la « liberté contre une tyrannie sans intelligence et sans gloire, « d'avoir songé à nous convier, nous jeunes gens, au spectacle « général du droit et de la liberté chez tous les peuples, à la vue « scientifique de leurs législations, à la comparaison réfléchie « des institutions sociales, et d'avoir fondé dans cet établisse- « ment illustre, une chaire d'*histoire générale et philosophi-* « *que des législations comparées* (1) ».

Étudier les législations existant à la fois dans divers pays, et comparer entre elles ces législations, ce n'était pas, à la vérité, une grande nouveauté.

Aux derniers temps de l'ancien régime, c'était même la mode.

Grotius, Puffendorf, Voltaire, Rousseau, Montesquieu s'y attachent tous, mais tous avec une même intention : chercher dans les législations étrangères des contrastes avec les institutions françaises et rendre ainsi plus piquantes, et, à la fois, plus vives, les critiques qu'ils n'osent pas toujours formuler directement contre la monarchie française, son gouvernement, ses lois et ses mœurs.

Montesquieu, cependant, affiche des prétentions plus hautes : « J'ai posé les principes, écrit-il dans la Préface de l'*Esprit des* « *lois*, et j'ai vu les cas particuliers s'y plier comme d'eux- « mêmes, les historiens de toutes les nations n'en être que les « suites et chaque loi particulière liée avec une autre loi, ou « dépendre d'une autre plus générale ».

Mais ces principes sont ceux de la logique pure. Montesquieu est un rationaliste. « La loi en général, explique-t-il, est la Rai- « son humaine, en tant qu'elle gouverne tous les peuples de la « terre, et les lois politiques et civiles de chaque nation ne doi- « vent être que les cas particuliers où s'applique cette Raison « humaine. — Elles doivent être tellement propres au peuple « pour lequel elles sont faites, que c'est un très grand hasard « si celles d'une nation peuvent convenir à une autre. — Il faut « qu'elles se rapportent à la nature et au principe du gouverne- « ment qui est établi ou qu'on veut établir; soit qu'elles le for-

(1) Id., *ibid.* — La chaire inaugurée par Lerminier fut occupée, partir de 1849, par de Laboulaye, et, depuis 1883, par M. Jacques Flach.

« ment, comme font les lois politiques, soit qu'elles le maintien- « nent, comme font les lois civiles. — Elles doivent être relati- « ves au *physique* du pays, au climat glacé, brûlant, ou tem- « péré ; à la qualité du terrain, à sa situation, à sa grandeur, au « genre de vie des peuples, laboureurs, chasseurs ou pasteurs ; « elles doivent se rapporter au degré de liberté que la Consti- « tution peut souffrir, à la religion des habitants, à leurs riches- « ses, à leur nombre, à leur commerce, à leurs mœurs, à leurs « manières. Enfin, elles ont des rapports entre elles, elles en « ont avec leur origine, avec l'objet du Législateur, avec l'ordre « des choses sur lesquelles elles sont établies ; c'est dans toutes « ces vues qu'il faut les considérer. — C'est ce que j'entreprends « de faire dans cet ouvrage (1) ».

Montesquieu pose donc en fait que les divers peuples vivent dans des conditions physiques et morales très différentes ; à tel point que si les lois d'un peuple ressemblent à celles d'un autre, c'est là une coïncidence fortuite. Toutes les lois sont, partout, régies par la Raison humaine, en ce sens que, sous toutes les latitudes, et en dépit des diversités entre les législations, il n'est point de loi qui n'ait eu des motifs et dont on ne puisse fournir une explication, sinon de nature à en justifier la nécessité inéluctable, du moins propre à faire comprendre qu'elle ait pu être édictée. Pour un rationaliste comme Montesquieu l'étude du droit comparé sert à dégager ce rôle joué par la Raison.

Sans doute, une telle étude présente de l'intérêt ; mais elle part d'une observation inexacte. Poser en principe que : la loi d'une nation ne peut être que la loi de cette nation-là, et de nulle autre ; s'écrier, en présence de législations analogues : hasard ! pur hasard ! ; vouloir à toute force qu'entre les institutions juridiques des divers peuples, il existe des cloisons étanches ; nier que les législations puissent réagir les unes sur les autres, et s'influencer réciproquement en dépit des frontières territoriales ; c'était, en vérité, se mettre en bonne posture pour bien démontrer que tout, dans les législations des divers peuples, était logiquement déterminé ; c'était une attitude faite pour plaire à un rationaliste ; mais c'était aussi méconnaître la puissance universelle de l'idée ; c'était aussi considérer comme inexistants ces grands courants d'idées juridiques, qui, souvent, emportent dans leur mouvement irrésistible toutes les nations de même

(1) MONTESQUIEU, *De l'Esprit des lois*, l. I, ch. 3.

civilisation ; et c'était se condamner à opérer de curieuses comparaisons entre les diverses législations, sans pouvoir jamais s'élever jusqu'au droit comparé, dans la vraie acception du mot.

Camus, dans sa cinquième lettre sur la profession d'avocat, nous parle du « droit étranger » en des termes plus justes. La nécessité d'étudier ce droit se justifie, pour lui, à quatre points de vue. Tout d'abord devra connaître le « droit étranger quiconque étudie les « relations des peuples entre eux » ; c'est sur « le doit public des divers peuples » que portera naturellement la principale attention de ceux qui se livrent à de tels travaux. En second lieu, il serait convenable d'étudier, dit Camus, lorsqu'on « est appelé à réformer quelque partie du droit..., ce qui se passe « ailleurs relativement aux mêmes objets » ; mais cette formule implique que, dans l'esprit de l'auteur, il n'y a pas là une obligation inpérieuse. En troisième lieu, un homme, qui connaît le droit de son pays, trouve, dans l'étude du droit comparé, « un moyen d'étendre ses vues, d'apercevoir les règles sous différents jours, de s'enrichir de nouvelles réflexions » ; aussi Camus dit-il que, si un jurisconsulte a eu la précaution de se réserver même au milieu de grandes occupations du temps pour apprendre, « il se livrera volontiers à la lecture de quelques codes ou des « écrits de quelques jurisconsultes étrangers » ; c'est là du dilettantisme de très bon aloi pour les érudits, qui veulent s'orner l'esprit, mais ce n'est évidemment pas une discipline indispensable. Le « droit étranger » est, au contraire, tout à fait nécessaire à connaître dans un quatrième cas : lorsque les tribunaux d'un pays ont lieu d'appliquer une loi étrangère (1). Nous résumons la pensée de Camus en disant que la connaissance du « droit étranger » est indispensable pour l'étude et la pratique du droit international, soit public, soit privé, et qu'elle est à recommander au législateur, quand il veut faire des lois nouvelles, et au jurisconsulte érudit, quand il veut orner son esprit.

Le droit comparé n'apparaît ainsi que comme une branche très accessoire de la science juridique. Aussi, quand Camus veut

(1) Camus, *Lettres sur la Profession d'Avocat*, éd. de 1805, t. 1er, p. 140-142 ; éd. revue par Dupin, 1818, t. 1er, p. 103-104. — L'édition de 1777 ne contient rien sur le « droit étranger ». C'est dans l'édition de 1805, que le passage concernant le « droit étranger » a été inséré pour la première fois. Il a pris place dans la cinquième lettre, et, s'il avait figuré dans l'édition de 1777, il aurait été glissé dans la page 141.

énumérer les livres de droit étranger utiles à posséder dans un cabinet d'avocat, fait-il précéder sa bibliographie étrangère d'une notice, où il déclare que ce catalogue « ne sera pas aussi détaillé « que le catalogue des livres de droit public, de droit français et « de droit canonique ». Et, ajoute-t-il, « il ne doit pas l'être, « parce que l'occasion et le besoin de recourir aux livres ne sont « pas les mêmes à l'égard du droit étranger et à l'égard du droit « français » (1).

Que s'est-il donc passé entre la fin de l'ancien régime et le moment où Lerminier montait en chaire et inaugurait, au Collège de France, le cours *d'histoire générale et philosophique des législations comparées ?*

Sans doute, il y eut la Révolution française. Mais, en cette matière tout au moins, elle n'a rien apporté de nouveau.

Il y eut aussi le Code civil et la série des codes qui l'ont suivi. Mais le Code civil servit de modèle, dès son apparition, à nombre de peuples étrangers ; beaucoup l'adoptèrent sans modification, et il en résulta que les jurisconsultes français trouvèrent moins utile que jamais d'étudier le droit comparé.

Ni la Révolution française, ni la codification, ni aucun autre événement français ne donnèrent au droit comparé l'importance capitale qu'on lui reconnaît de plus en plus.

C'est en Allemagne qu'il faut chercher l'origine du phénomène ; car c'est là que Gustave Hugo, que Cramer, que Haubold, et que Savigny surtout, suivis bientôt par Niebuhr, Puchta, Eichhorn, Gœschen, Mœser, Rogge, Grimm, Hullmann, Platner, Bunsen, Meier, Heffter, etc., avaient fondé l'*école historique*.

L'essence de l'école historique se trouve dans ce beau passage de Savigny :

« Le droit n'est point un produit de l'arbitraire, mais bien un « produit entier de la nation ; il ne se forme pas accidentelle- « ment, mais naturellement. Le droit *doit* être tel qu'il *est*, non « autrement, c'est-à-dire qu'il est le résultat nécessaire de l'or- « ganisation intérieure de la nation même et de son histoire. « Chaque époque doit appliquer son activité particulière à bien

(1) *Ibid.*, éd. de 1805, t. 1er, p. 338 ; éd. revue par Dupin, 1818, t. 2, p. 522. — L'édition de 1777 ne contenait aucune indication bibliographique relative au droit étranger.

« saisir, à rajeunir et à revivifier cette matière donnée. A l'égard « de ces éléments antérieurs, il ne peut être question ni du bien, « ni du mal; car supposer que les admettre fût bien et que les « rejeter fût mal, ce serait reconnaître la possibilité de cette « admission ou de ce rejet; or il est rigoureusement impossible « de se soustraire à ces éléments divers; ils nous dominent iné« vitablement. Nous pouvons nous faire illusion, mais les chan« ger, jamais. Celui qui s'abuse ainsi et qui ne veut agir qu'au « caprice de sa volonté, là où une plus haute et commune volonté « est seule possible, celui-là perd ses plus belles prérogatives. « C'est un serf qui se perd à rêver qu'il est roi » (1).

Lerminier nous a dit quelle impression profonde avaient produite sur lui ces pages, où Savigny « distinguait le droit de la loi », où il « parlait du droit d'une manière passionnée », où il « en faisait quelque chose de réel, de vivant et de dramatique ». Les études juridiques, telles que Lerminier les avait faites à l'école de droit, s'étaient bornées, dit-il, à l'absorption « de maigres et sèches formules sans animation et sans vie ». Le hasard lui avait fait découvrir l'école historique et il s'était, dès lors, séparé pour toujours de l'école dogmatique. Il ne revenait pas de sa surprise : « Quoi donc! s'écriait-il, la législation et le droit « n'étaient donc pas la même chose! les cinq codes ne constituaient pas la jurisprudence » (2).

C'était pour avoir fait part de cette découverte à ses compatriotes, que Lerminier fut nommé, par un gouvernement libéral, professeur au Collège de France. Il fut, d'ailleurs, un professeur assez médiocre, cherchant à concilier l'idéologie avec l'histoire, le dogmatisme avec la prudence scientifique, et ne réussissant, d'ordinaire, qu'à être superficiel. Mais peu importe ici le mérite de Lerminier comme penseur et comme historien. Ce qui nous importe, c'est que, sous l'influence de l'école historique, il amplifia le droit comparé, et lui donna une portée nouvelle.

A la vérité, la valeur accordée ainsi au droit comparé ne découlait pas des principes posés par Savigny. Celui-ci disait

(1) Savigny, *De la vocation de notre siècle pour la législation et la jurisprudence.*

(2) Lerminier, *Introduction générale à l'histoire du droit*, 2e éd., 1835, préface à la 1er édit. (1829), reproduite en tête de la 2e édit., p. 10.

bien que le droit n'était pas simplement ce qui résultait des lois, c'est-à-dire des dispositions expresses du pouvoir, et que le droit avait un fondement moins accidentel et moins arbitraire. C'était là une idée, d'où pouvaient se déduire beaucoup de nouveautés. Mais Savigny ajoutait que le droit de tout peuple présente un caractère qui lui est propre, et qui est déterminé, comme sa langue, ses mœurs, et sa constitution politique, d'une manière inéluctable. Il reconnaissait ainsi, comme Montesquieu, l'existence de cloisons étanches entre les législations des divers peuples. Il était, par là même, empêché de tirer du principe posé toutes les conséquences qu'il comportait. On eût dit qu'il avait peur de glisser dans des abîmes insondables, et qu'il s'échappait par un chemin latéral. En tout cas, il retournait au dogmatisme, alors universellement pratiqué.

D'autres devaient en user autrement.

S'il est vrai que les lois édictées par le pouvoir ne constituent pas tout le droit; s'il est vrai que la science juridique ne procède point par syllogismes, dont les textes de loi sont la majeure, dont les cas particuliers constituent la mineure, et dont la solution applicable à ces cas particuliers en vertu des textes de loi forme la conclusion; s'il est vrai que le droit est l'œuvre non des injonctions promulguées par le législateur, mais d'un ensemble complexe de phénomènes sociaux; s'il est vrai que tout ce qui, dans la vie sociale, est considéré par la conscience populaire comme une règle à laquelle il faut se soumettre, est un fait juridique; s'il est vrai que ce fait juridique a la même force obligatoire, soit qu'il ait revêtu la forme d'une loi, imposée par l'autorité, soit qu'il résulte d'arrêts successifs rendus par les juges et constituant jurisprudence, ou qu'il ressorte seulement des usages, des coutumes populaires, de la tradition; — si tout cela est vrai, il faut dire aussi que la vie d'un peuple ne suit pas une évolution indépendante et que les nations, par l'influence qu'elles exercent les unes sur les autres, contribuent mutuellement à créer chacune son droit.

Ces interprétations juridiques se sont manifestées à toutes les époques, même à celles où les nations semblaient prendre un soin jaloux à se développer séparément les unes des autres. Les exemples les plus caractéristiques et souvent cités en cette matière sont ceux du droit féodal, du droit romain et du Code civil français.

Au Moyen âge, le droit féodal se forma et se répandit à travers toute l'Europe avec une telle rapidité, qu'on ne sait trop où il prit naissance. Lors de la renaissance du droit romain, l'on peut suivre, il est vrai, la marche des Pandectes, qui, de l'Italie, montèrent peu à peu vers le Nord, et exercèrent partout une influence profonde sur leur passage, et ne furent arrêtées par aucune frontière politique. Plus tard, en dépit de Savigny lui-même, le Code Napoléon se répandit en tous pays et exerça une action tout à fait comparable à celle du droit romain.

Le jour devait venir, où une voix aussi autorisée que celle de Savigny mettrait les choses au point. Ce fut quand d'Ihering écrivit :

« La vie des peuples n'est pas une coexistence d'êtres isolés : « comme celle des individus dans l'État, elle constitue une com- « munauté, elle se traduit en un système de contingence et « d'action réciproque, pacifique et belliqueuse, d'abandon et « d'appréhension, d'emprunt et de prêt: en un mot, elle consti- « tue un gigantesque échange embrassant toutes les faces de « l'existence humaine..... Pour ce qui concerne les peuples, il ne « leur est pas précisément impossible de se concentrer en eux- « mêmes, et de rejeter toute influence du dehors..... Mais tout « peuple existe aussi pour les autres et tous les âutres peup es « ont le droit d'être en relation avec lui. La loi de la division du « travail règle aussi la vie des nations. Tout sol ne produit pas « tout, tout peuple ne peut pas tout. C'est par une aide et une expan- « sion réciproques que se trouve balancée chez les peuples l'imper- « fection de chacun d'eux en particulier. La perfection n'éclate « que dans l'ensemble, dans la communauté ». Et, prenant le contre-pied d'une des idées soutenues par Savigny, d'Ihering ajoute : « La prospérité d'un peuple se compose d'une succession « non interrompue d'éléments étrangers. Sa langue, ses arts, « ses mœurs, sa civilisation tout entière, en un mot son indivi- « dualité ou sa nationalité est, comme l'organisme physique et « intellectuel de l'individu, le produit d'innombrables actions « exercées par le monde extérieur ou d'emprunts faits à celui-ci... « Et seul, le droit serait soustrait à cette loi générale de la civi- « lisation ? » A cette question, d'Ihering, un instant sur le point, — nous venons de le voir, — d'adopter une thèse diamétralement opposée à celle de Savigny, et, elle aussi, trop absolue, répond de manière à serrer la réalité d'aussi près que possible : « Deux idées, dit-il, partagent l'histoire universelle du droit en

« deux époques distinctes. Ce sont les idées de *nationalité* et « d'*universalité*. En Orient, dans l'antiquité, le droit se déve- « loppe réellement de la manière qu'enseigne Savigny; il s'épa- « nouit du dedans au dehors, il émane du sein même de la vie « des peuples..... Dans le monde moderne, au contraire, l'his- « toire du droit prend un essor plus élevé : elle devient vraiment « une histoire *du droit*. Les linéaments des droits isolés cessent « de se côtoyer sans se toucher : ils se croisent, ils se réunis- « sent en un seul tissu, dont le droit romain et le droit canon « constituent la trame originaire commune..... A côté et en de- « hors d'eux se range une série d'institutions, de questions et « de problèmes, sur lesquels se concentrent la pensée et l'acti- « vité communes des peuples : le régime féodal, le change, le « droit commercial et maritime; les questions du droit de punir : « l'abolition de la torture, de la peine de mort; l'abolition du « servage; les questions sociales, politiques, ecclesiastiques et « internationales; combien d'autres encore ! (1) ».

Le droit comparé a, dès lors, un but tout nouveau. C'est autre chose qu'un moyen d'exercer sa verve satirique sur la législation d'un peuple déterminé. Ce n'est plus cette petite science auxiliaire, propre à enrichir l'esprit, et indispensable seulement au spécialiste en droit international. C'est l'étude des actions et réactions qui s'opèrent entre les législations des différents peuples, depuis des époques très reculées.

Or, dès que l'on institue, d'une manière systématique, une pareille étude, il apparaît que ces actions et réactions vont en se multipliant, et produisent une sorte de compénétration mutuelle des droits nationaux. D'Ihering parle des deux périodes de l'histoire du droit; celle où le droit est proprement national, et celle où il devient universel. A la vérité, le droit n'est pas encore devenu universel, il est loin d'être encore complètement unifié, et l'on n'aperçoit qu'à travers des brumes opaques le moment où une telle unification deviendra réalité. Mais les droits nationaux, par suite des actions et réactions multipliées qu'ils exercent les uns sur les autres, sont en voie de s'unifier, ils tendent vers l'unité, vers un type commun, vers le droit universel, vers ce que l'on a dénommé le « droit commun législatif ».

(1) *L'Esprit du droit romain*, traduction O. de Meulenaere, 3e éd., t. 1er, 1886, Introduction, tit. 1, §. 1, p. 6 à 11.

Tout, dans notre civilisation, semble hâter cette évolution. Les moyens de locomotion par terre, par eau, par l'air même, deviennent sans cesse plus nombreux, plus rapides, plus pratiques. Le nombre des voyages augmente, les relations commerciales et juridiques deviennent d'une fréquence toujours croissante. Les mœurs tendent ainsi à s'identifier entre les différents peuples, en même temps que les institutions juridiques tendent, elles aussi, vers l'unité.

Mais, s'il est vrai que des actions et réactions de plus en plus nombreuses et efficaces se produisent entre les divers droits nationaux, et que le droit universel soit en voie de formation rapide, il est vrai aussi que les droits nationaux possèdent, en eux-mêmes, des éléments, qui contribuent à hâter l'unification du droit.

La vie moderne, au moins dans les pays civilisés, tend vers une unification indéniable des mœurs et des besoins. La famille, le mariage, le droit de succession, les contrats, les relations commerciales, les droits politiques, le droit de suffrage, le contrôle du gouvernement, le droit syndical, le droit à l'assistance, toutes les grandes institutions juridiques, reposent, dans tous les pays civilisés, sur les mêmes besoins profonds, répondent aux mêmes aspirations, et tendent, par conséquent, vers des types uniformes.

Tout pas effectué dans la voie de l'unité peut donc avoir été déterminé par l'une de ces deux forces : l'action exercée par une législation étrangère, — ou bien l'action exercée par des besoins identiques, ou simplement analogues, à ceux qui ont provoqué, ailleurs, des lois nouvelles.

La plupart du temps, ces deux forces coexistent et agissent toutes deux dans le même sens. L'exemple d'une nouvelle loi étrangère serait indifférent, si des besoins ne s'étaient déjà manifestés, qui prennent corps, à ce moment, qui se précisent, et qui aboutissent à l'adoption d'une loi analogue.

Si nous assistons à une unification des droits nationaux, c'est donc à la fois parce que les besoins et les mœurs des divers peuples sont en voie d'unification et parce que les législations nationales exercent les unes sur les autres des actions et réactions de plus en plus nombreuses et efficaces.

Le droit comparé a pour but de suivre dans tous leurs détails ces interpénétrations juridiques, d'en chercher les ressorts secrets et de mettre au jour les lois de cette unification, afin de découvrir du plus loin possible le but de toutes ces évolutions législatives et de déterminer avec toute la précision désirable la loi commune de ces évolutions convergentes, le type juridique vers lequel tous les peuples s'acheminent.

Le droit comparé apparaît ainsi comme la plus haute expression de la science juridique; c'en est l'échelon supérieur, celui où l'on parvient à un tel degré de généralité que l'on domine les faits juridiques particuliers, que l'on met de l'ordre dans leur confuse diversité, que l'on en découvre les rapports permanents, que l'on en saisit les principes directeurs, et que l'on aperçoit les fins vers lesquelles tendent toutes les législations, en un mot, que l'on fait la *philosophie du droit*.

Et c'est pourquoi la chaire créée dès 1831 pour Lerminier était très justement dénommée : chaire d'*histoire générale et philosophique des législations comparées*. Ce titre contenait tout un programme.

Quelle est l'utilité du droit comparé, ainsi compris ?

Deux opinions diamétralement opposées sont ici en présence.

Dans un premier système, on soutient que le droit comparé ne doit avoir aucune portée pratique. On lui reconnaît, en théorie, une importance considérable. C'est une spéculation vraiment passionnante. C'est un bel objet d'enseignement. Rien de plus (1). On applaudit, quand un d'Ihering trace les contours de cette nouvelle branche du droit et quand il se plaint qu'elle soit si peu developpée encore (2) et l'on se réjouit des progrès qui

(1) A. Esmein, *Le droit comparé et l'enseignement du droit*, dans *Bulletin de la société de législation comparée*, 1899-1900, p. 376 et suiv.; *La Jurisprudence et la doctrine*, dans *Revue trimestrielle du droit civil*, t. 1er, p. 5 et suiv.

(2) « Quiconque veut mesurer, doit posséder une mesure, et la mesure pour « juger un droit particulier ne peut nous être fournie que par la doctrine du « droit en général et de la forme sous laquelle elle se manifeste. Mais que « d'instruments font défaut à cette doctrine ! La jurisprudence moderne ne « nous offre pour mener à bien une pareille entreprise qu'un capital bien petit « de notions et de considérations. Plus que tout autre, dans le cours du tra- « vail, j'ai souffert de cette pénurie... Il m'a semblé souvent, dans le cours de « ce travail, que j'avais devant moi les espaces infinis d'un firmament étoilé, « champ incommensurable de découvertes, livré à l'exploration d'un esprit « investigateur. Chaque fois que je voulais parcourir ces horizons immenses, « l'insuffisance des appareils scientifiques paralysait mes efforts. Ce sont donc « ces appareils qu'il faut accroître et améliorer, pour agrandir le champ des

seront réalisés dans l'étude de l'histoire du droit ancien, quand cette étude pourra profiter des renseignements fournis par le droit comparé : l'historien du droit, connaissant le rôle joué dans l'évolution universelle du droit par les institutions juridiques d'antan, pourra étudier ces dernières avec détail sans craindre de se méprendre sur leur portée. On ne se place pas à un autre point de vue, quand on se borne à considérer le droit comparé comme une science destinée à étudier et rapprocher les législations des divers pays dans un ordre systématique, et à montrer quelles ressemblances et quelles différences existent entre les solutions fournies par les divers pays aux questions posées par la vie sociale (1). Et l'on adhère encore au même système, quand on reconnaît pour seul but au droit comparé celui d'élaborer une classification des divers types législatifs, à l'instar des classifications existant dans d'autres branches : botanique, zoologie, minéralogie, anthropologie, linguistique, religions, etc., et de servir ainsi à la formation de la sociologie (2).

Le second système est bien loin de dénier au droit comparé un tel rôle. Il déclare que le droit comparé n'est pas seulement l'objet de spéculations élevées, ou de théories propres à servir au développement des autres branches de la connaissance humaine, mais qu'il a encore une autre utilité plus considérable et plus haute.

En effet, le droit comparé, en dégageant des divers droits nationaux, le droit universel, le « droit commun législatif », fixe l'attention de tous les peuples sur les grands courants, qui emportent à la fois tous les pays civilisés dans le même mouvement ; en comparant entre elles les formes diverses que les mêmes idées revêtent au même instant dans les divers droits nationaux, il rend visible pour tous l'œuvre d'identification qui

« découvertes. *A mesure que la doctrine de l'histoire naturelle du droit se « perfectionnera par le moyen de la philosophie du droit et du droit com- « paré; à mesure qu'elle s'enrichira d'idées nouvelles et de points de vue « nouveaux, la notion de la véritable essence du droit romain deviendra de « plus en plus vaste* ». D'IHERING, *op. cit.*, 3e éd., t. 1er, 1886, introduction, tit. 1er, § 2, p. 23 et 24.

(1) ROGUIN, *Traité de droit civil comparé. Le mariage*, 1904. Préface.

(2) TARDE, *Le droit comparé et la sociologie*, dans *Bulletin de la société de législation comparée*, 1900, p. 529 à 537.

se poursuit partout entre les diverses institutions juridiques; et, par conséquent, en jetant une lumière intense sur cette unification en voie de progrès, il fait en sorte que la marche de cette unification soit plus rapide, et que le moment soit plus prochain, où tous les peuples de la terre auront des institutions juridiques identiques.

Le temps n'est pas si loin, où le territoire de la France était divisé en une multitude de *coutumes* locales, et où les règles juridiques différaient suivant les régions. C'est au commencement du XIXe siècle que s'est faite, en France, l'unité de législation. En Allemagne, aux États-Unis, en Suisse, cette unité n'est pas encore complètement faite; mais le travail d'unification s'opère sous nos yeux: les Codes succèdent, dans les diverses branches du droit, aux législations locales, et opèrent partout leur œuvre de simplification. Or, il n'est pas douteux que les Codes appellent, en quelque sorte, les Codes, et qu'une fois engagés dans le travail de l'unification, les droits nationaux effectuent cette œuvre avec une rapidité qui va sans cesse croissant. Il se produit comme un vertige d'unification, et le pays, qui est entré une fois dans cette voie, ne se tient pour satisfait que le jour où la dernière de ses coutumes locales a disparu, et où toute la législation se trouve condensée dans des Codes simples et clairs, valables dans toute l'étendue du territoire.

Le même phénomène se reproduit, bien qu'avec une moindre intensité et avec une rapidité moins vertigineuse, dans le mouvement qui entraîne vers l'unité les divers droits nationaux. Plus on prend conscience de ce courant unificateur et plus l'unification se fait avec célérité.

C'est ainsi que l'idée d'appliquer aux accidents du travail la notion du risque professionnel dans l'établissement des assurances, est née en Allemagne. Aujourd'hui, c'est une idée universelle. Presque toutes les législations l'ont accueillie. Elle est entrée dans les mœurs. Elle appartient au fonds commun, qui constitue le droit général du monde civilisé, et l'on ne saurait plus y porter atteinte sans être réprouvé non seulement par la conscience juridique de ses compatriotes, mais encore par celle de tous les hommes. Il y a là un état de fait, qui contribue puissamment au maintien de la notion du risque professionnel.

Le second système a donc raison. Le droit comparé n'est pas seulement utile à un point de vue théorique. L'utilité pratique en est considérable, puisqu'il sert à orienter les législations des divers peuples dans le sens de l'unification. Ce n'est pas seulement une conquête pour l'esprit humain. C'est aussi un motif d'agir. Le législateur devra tenir compte des données du droit comparé, et se décider, de préférence, dans le sens indiqué par le courant d'unification. Le juge, de même, en présence de deux interprétations juridiques également admissibles d'un même texte de loi, devra préférer celle qui est en conformité avec le courant d'idées dégagé par le droit comparé, à celle qui est orientée en sens inverse de ce courant d'idées.

Ce sont précisément ces conséquences du second système que réprouvent les partisans de la première opinion : ils ne peuvent admettre que le droit comparé exerce la moindre influence sur le législateur souverain, et, encore bien moins, sur le juge, interprète des lois exclusivement nationales. Que le droit comparé pénètre dans l'enseignement, ils y consentent, ils y applaudissent même avec conviction. Mais qu'un juge ait à se préoccuper d'autres idées que de celles énoncées par ses lois nationales, voilà qui leur paraît monstrueux. Ce qui se passe au delà des frontières territoriales doit être lettre morte pour le juge ; il n'a pas à en connaître; cela doit être, dit-on, depourvu de la moindre autorité, à ses yeux de magistrat.

Cette objection comporte une double réponse.

D'abord, disent les partisans du second système, « il y a des « idées auxquelles il est difficile de vouloir tracer leurs limites « et de vouloir faire leur part. La logique les rend envahissantes « et fait qu'elles débordent le cadre qu'on leur avait tracé. Si « l'on admet le droit comparé dans l'enseignement, il sera bien « impossible que ceux qui auront dégagé du droit comparé... « les idées maîtresses d'une institution, ne cherchent pas à s'ins- « pirer de ces idées directrices dans l'interprétation qu'ils don- « neront du droit national lui-même »(1).

Ensuite, ajoutons-nous, quand on prétend obliger le juge à obéir servilement à la pensée du législateur, on l'enserre dans un devoir étroit et mesquin. Le magistrat a pour rôle, au contraire, de se préoccuper sans relâche des grands mouvements économiques, moraux et sociaux, qui agitent l'humanité. Sa mission est de plier, par la jurisprudence, la loi aux nécessités sociales et d'adapter les textes, souvent trop rigides, ou (ce qui

(1) R. Saleilles, *Le Code civil et la méthode historique*, dans *Le Code civil, 1804-1904, Livre du centenaire* publié par la Société d'études législatives, 1904, p. 127.

revient au même, en pratique) trop vagues, aux besoins, dont la mobilité, troublante comme celle de la vie elle-même, fournit une matière sans cesse nouvelle à son étude. S'il est vrai, comme on l'admet de plus en plus, que le juge, sans avoir le pouvoir de prendre le contre-pied de la loi écrite, ait néanmoins celui de la considérer comme un guide, et non plus comme un despote; s'il jouit d'un droit d'interprétation assez étendu, et s'il peut corriger les effets néfastes de certains textes, suppléer à l'insuffisance de certains autres, et assouplir la loi au gré des circonstances (1), — comment ne pas reconnaître au juge le droit, et même le devoir de porter ses regards sur ce qui se passe dans le monde, et de se laisser influencer non plus seulement par ces petites fluctuations, qui font onduler la vie juridique sur les rives de son propre pays, mais encore et surtout par ces grands courants d'idées, qui traversent l'univers et l'ébranlent tout entier?

Une fois admis que le droit comparé est utile de deux manières différentes : d'une part, à un point de vue théorique, pour éclairer et guider les professionnels de l'histoire du droit, — d'autre part, à un point de vue pratique, pour orienter les travaux des législateurs et les sentences des magistrats dans le sens de la marche suivie par le « droit commun législatif », et pour avancer, par conséquent, l'instant où un droit universel

(1) De Ihering, *Esprit du droit romain*, 3e éd., t. IV, § 69 et *Études complémentaires à l'Esprit du droit romain*, 1902, p. 71 à 83 et 309 à 382; R. Saleilles, *Préface* à Gény, *Méthodes d'interprétation et sources en droit privé positif*, 1899; *De la déclaration de volonté*, 1901, art. 133, nos 43, 49, 94 et art. 138, no 81; *Conception et objet de la science du droit comparé*, dans *Bulletin de la Société de législation comparée*, 1900, p. 398 à 404; *Les méthodes d'enseignement du droit et l'éducation intellectuelle de la jeunesse*, dans *Revue internationale de l'enseignement supérieur*, XLIV (1902), p. 313 à 329; *Ecole historique et droit naturel d'après quelques ouvrages récents*, dans *Revue trimestrielle de droit civil*, 1902, p. 80 à 112 et notamment, p. 101, 102 et 106 à 112; *Introduction à l'étude du Code civil allemand*, no X; A. Alvarez, *Une nouvelle conception des idées juridiques et de la codification du droit civil*, 1904, avec *Préface* de M. J. Flach, qui a paru dans la *Revue internationale de l'enseignement supérieur*, 15 juin 1904, p. 481; Mornet, *Du rôle et des droits de la jurisprudence en matière civile, 1804-1904;* M. Leroy, dans *Revue de Paris*, 1er et 15 oct. 1903; R. Saleilles, *Le Code civil et la méthode historique*, précité, p. 120 et suiv.; *La fonction juridique du droit comparé*, dans *Juristische Festgabe des Auslandes zu Joseph Kohlers 60. Geburtstag*, p. 164-175.

aura remplacé les divers droits nationaux; une fois cela admis, une nouvelle question se pose.

Le « droit commun législatif » doit-il, dans la mesure où il nous est d'ores et déjà connu, être imposé par voie d'autorité à tous les droits nationaux? Faudrait-il, en d'autres termes, astreindre les magistrats et les législateurs de chaque pays à conformer leur jurisprudence et leurs lois au « droit commun législatif » actuellement déterminé?

Nous avons vu le fondateur principal de l'école historique, Savigny, dans l'incapacité de se défaire de tout dogmatisme : il a fait un effort gigantesque pour s'affranchir de la méthode dogmatique, mais est retombé, épuisé; il n'a pu aller jusqu'au bout de la chaîne logique dont il avait découvert le commencement, et il l'a lâchée pour retourner au dogmatisme d'antan.

Le même phénomène se produit ici. Des juristes qui se sont élevés jusqu'à la conception du « droit commun universel » sans employer le moindre dogmatisme, c'est-à-dire en ne faisant appel qu'aux données positives du droit, et en n'utilisant que la méthode historique, sont pris tout à coup d'une sorte de vertige, et, sentant bouillonner en eux quand même du sang de dogmatique, ils proposent d'imposer de suite par voie d'autorité les vérités, qu'il leur a été donné d'apercevoir (1).

Les juristes sont donc bien profondément imprégnés de dogmatisme, qu'il leur soit si difficile de s'en défaire!

On comprend pourtant, quand on y réfléchit, combien le dogmatisme paraît attrayant pour quiconque, après de patientes recherches, est parvenu à trouver la formule d'un certain nombre de grands courants juridiques, qui entraînent la plupart des peuples civilisés vers des buts que l'on commence à deviner, et même à entrevoir. Qui empêche ces courants de devenir irrésistibles, et qui nous empêche, par conséquent, d'aller jusqu'aux buts entrevus, et d'y atteindre enfin? — Qui? Quelques peuples, qui résistent au couraut, et en retardent la marche. — Alors, le savant juriste sent monter de son cœur une colère contre ces peuples, qui retardent l'avènement du droit universel, et la pensée lui vient de forcer ces peuples à entrer dans le mouvement. On contraint bien la Chine à jeter bas sa muraille, et à faire, malgré elle, le commerce avec les puissances dites civili-

(1) En ce sens : E. Lambert, *Études de droit commun législatif ou du droit civil comparé, Introduction, La fonction du droit civil comparé*, tome I.

sées. On contraint bien le Maroc à laisser les étrangers mettre en valeur des richesses naturelles, qu'il ne sait exploiter. Pourquoi imposer le commerce universel, et ne pas imposer le droit universel ?

Or, il existe deux raisons péremptoires, pour ne pas imposer par voie d'autorité le « droit commun législatif ».

En premier lieu, la résistance, que certains peuples offrent à tels ou tels courants d'idées juridiques, a toujours une raison d'être, une utilité, et, loin de nous en attrister, nous devons nous en réjouir.

Pourquoi supposer que ces peuples passent bénévolement à côté du chemin qui mène au mieux-être, à la justice plus large, à la civilisation plus haute? S'ils résistent à certains courants, c'est sans doute qu'ils n'aperçoivent pas la nécessité de s'y laisser entraîner, et qu'ils voient, au contraire, la nécessité de marcher en sens inverse.

De telles résistances sont indispensables pour qu'on puisse démêler les raisons d'être de ces courants et les conditions nécessaires à leur formation. Ce sera en étudiant les mœurs, les coutumes, les idées, les préjugés, les besoins économiques et sociaux, les climats même et les conditions géographiques, dans les pays où ces courants se manifestent, et, par comparaison, dans ceux où ils ne se manifestent pas, que nous pénétrerons le plus profondément possible dans la philosophie du droit. Ce sont-là de véritables expériences, que, tous les jours, les peuples instituent sans le savoir et sans le vouloir, mais qui ne doivent pas être perdues pour le juriste philosophe. Dans la mesure où ces résistances sont vives et efficaces, Montesquieu a raison, et il existe des cloisons entre les droits nationaux. Pourquoi ces cloisons? Voilà ce qu'il faut étudier pour savoir quand elles pourront être jetées bas et dans quelles conditions ce phénomène s'effectuera. Vouloir enfoncer ces cloisons au nom du droit universel, et agir ainsi par voie d'autorité, c'est méconnaître ces résistances, c'est fermer les yeux à leur légitimité, et c'est, du même coup, prouver qu'on connaît mal les courants, dans le mouvement desquels on voudrait voir tous les peuples se laisser emporter ; c'est, par conséquent, avouer qu'on n'est pas qualifié pour rien imposer au nom de vérités que l'on connaît si mal ; car on ne peut, quelque savant qu'on soit, bien connaître le droit comparé, si l'on en méconnaît à tel point l'esprit. On dirait, à voir l'autoritarisme avec lequel on veut imposer aux peuples l'observation du « droit commun législatif », que l'on doute de l'avenir du droit comparé, et qu'on craint de ne jamais le voir triompher. Qu'un Bulow obtienne du Parlement prussien une loi pour exproprier de leurs terres les Polonais établis dans leur propre pays, dans les Marches orientales, et qu'il dise, pour faire voter cette loi, que, sans l'expropriation des Polonais, il est impossible de prussifier la Pologne, c'est compréhensible. Bulow est dans son rôle. Mais qu'un maître du droit comparé propose d'imposer par voie d'autorité le « droit commun législatif », cela est inadmissible, parce que c'est méconnaître l'essence même du droit comparé, qui est de s'opposer à tout dogmatisme.

Il ne faut pas perdre de vue, d'ailleurs, que, si nous parlons de droit unitaire, ce n'est pas là une réalité facile à saisir et que nous puissions formuler toujours avec une parfaite certitude.

Ce droit unitaire se crée sous nos yeux, mais il est loin d'être parvenu à son point de développement suprême. Il en est tellement loin que nous ne savons pas au juste ce qu'il sera, ni quand il prendra le pas sur les droits nationaux. Il est dans une période de gestation, et subira certainement de nombreuses transformations.

Ces transformations, nous ne savons pas en quoi elles consisteront.

Dès lors, un despote peut bien, sous prétexte de contraindre son peuple à marcher plus vite vers le droit unitaire, imposer ses volontés. Cela peut être habile. Mais un historien, un juriste un philosophe ne saurait rien imposer, quand il le voudrait, au non du droit unitaire : notre science est trop jeune, et nous ne pouvons en tirer des conclusions pratiques qu'avec infiniment de précautions et de scrupules.

Il est pourtant quelques points nettement fixés, et où l'on pourrait parler sérieusement de mesures coercitives. Mais il faudrait encore, pour cela, être sûr qu'en voulant hâter l'évolution vers le droit unitaire par des procédés artificiels, on ne va pas, au contraire, retarder cette évolution.

Nous arrivons, ainsi, à la deuxième raison, qui nous empêche d'admettre que le « droit commun législatif » doive être imposé par voie d'autorité.

En géométrie, il est vrai de dire que la ligne droite est le plus court chemin d'un point à un autre. Quand il s'agit de l'évolution juridique, cela n'est pas toujours vrai, et l'on risque, en voulant faire jouir un peuple de progrès indubitables mais prématurés, de retarder l'évolution, de créer un préjugé contre des institutions qui ont pourtant l'avenir pour elles, et, finalement, d'en retarder l'établissement.

Il est, d'ailleurs, des périodes et des pays où la contagion de l'idée se fait avec une rapidité vertigineuse, d'autres où l'idée nouvelle ne se réalise qu'après de multiples hésitations, qu'après des tâtonnements répétés, ou même que par étapes successives. Il faut, dans ces pays, une éducation préalable des citoyens une lutte contre leurs répugnances, contre leurs préjugés, une modification de leurs mœurs, pour que l'idée nouvelle parvienne enfin à prendre racine. Dans d'autres pays, le terrain, au contraire, est tout préparé. Impossible d'aller contre ces faits par voie d'autorité.

Une loi française du 9 avr. 1898 a posé, dans la grande industrie, le principe du risque professionnel en ce qui concerne les accidents du travail. Il est clair qu'une telle loi constituait un acheminement vers l'assurance obligatoire pratiquée déjà en Allemagne. Aussi l'idée d'assurance obligatoire a-t-elle conquis, en France, tant de suffrages, depuis 1898, que l'on peut escompter son établissement pour une époque prochaine. Mais, en 1898, les esprits n'y étaient pas préparés. Pourtant, le droit comparé prouvait que, dès 1898, la notion de l'assurance obligatoire tendait à s'introduire en tous pays et que le moment viendrait où elle serait appliquée dans tous les droits nationaux. Fallait-il donc, dès 1898, l'imposer par voie d'autorité? — Assurément non. La loi instituant en France l'assurance obligatoire, dès 1898, eût reçu le même accueil que celle, plus récente, sur le repos hebdomadaire. Celle-ci date du 13 juill. 1906, et chacun sait que les pouvoirs publics ont été impuissants à la faire observer partout. Nos mœurs n'étaient pas assez préparées à l'application du repos hebdomadaire. C'était donc une faute de vouloir imposer le repos hebdomadaire d'autorité. N'empêche que le repos hebdomadaire tend, lui aussi, à entrer dans le droit universel et que le jour viendra où il sera appliqué en tous pays. Mais, en France, la loi du 13 juill. 1906 a soulevé de telles protestations, que le repos hebdomadaire est devenu odieux à plus d'un. La loi du 9 avr. 1898, au contraire, a été une loi de transition. La notion du risque professionnel est vite entrée dans nos mœurs. Elle est devenue un véritable besoin. Une loi du 30 juin 1899 a étendu le principe du risque professionnel aux accidents causés dans les exploitations agricoles par l'emploi de machines mues par des moteurs inanimés. Une autre loi, du 12 avr. 1906, a étendu à toutes les exploitations commerciales les dispositions de la loi du 9 avr. 1898. Enfin une loi du 18 juill. 1907 dispose que tout employeur non assujetti à la législation concernant les responsabilités des accidents du travail peut se placer sous le régime de ladite législation, pour tous les accidents qui surviendraient à ses ouvriers, employés, ou domestiques, par le fait du travail ou à l'occasion du travail. Ajoutons qu'un projet de loi, bien accueilli par le Parlement, propose d'étendre le risque professionnel à tous les accidents survenus au cours des travaux agricoles. Par ces lois successives, on marche, à n'en pas douter, vers l'assurance obligatoire contre les accidents. On suit une voie détournée pour atteindre ce but. On s'arrête souvent en chemin. On procède par « paliers » successifs. Mais on avance plus vite que si l'on avait voulu, d'un bond, réaliser une réforme, à laquelle les esprits n'étaient pas préparés.

Ces exemples suffisent pour démontrer qu'en voulant imposer le « droit commun législatif » par voie d'autorité, on irait, souvent, à l'inverse du but que l'on se propose.

Nous en savons, d'ailleurs, assez, pour pouvoir affirmer que, tôt ou tard, tous les droits nationaux s'ouvriront aux idées nouvelles. Le Japon a transformé ses institutions sociales et juridiques. La Turquie s'essaye à être une monarchie constitutionnelle. Et la Russie s'instruit dans les moyens de faire réussir une Révolution. Il existe des peuples retardés, il n'en existe pas qui soient réfractaires à tout progrès, et qui, pourtant, soient dans un état prospère. Il en est qui semblent sommeiller depuis des siècles, et qui, tout d'un coup s'éveillent de leur assoupissement, et qui aspirent, comme la Perse, à jouer leur partie dans ce qu'on a dénommé le « concert » des nations civilisées.

Contraindre les nations endormies, ou qui se réveillent trop lentement, à se lever plus vite; les forcer, par voie d'autorité, à hâter le pas; les obliger à s'adapter au « droit commun législatif », c'est le rêve d'un despote, ou, ce qui revient au même, d'un théoricien pur, d'un dogmatique à outrance.

Faut-il donc assister en témoin passif à ce spectacle, et se borner à constater que certains peuples sont réfractaires, dans des mesures diverses, à l'unification du droit, qui s'accomplit chez les peuples les plus avancés en civilisation? Faut-il se tenir pour satisfait, parce qu'on aura noté ces différences entre les nations et qu'on en aura démêlé les causes et prévu les résultats? Ne doit-on rien faire de positif, d'énergique, de définitif pour amener les peuples arriérés à rejoindre ceux qui les ont devancés dans la voie du progrès?

En aucune façon.

Mais est-il donc démontré que nous soyons dans une alternative, et qu'il soit nécessaire, ou bien d'imposer le droit comparé par voie d'autorité, ou bien de manquer au devoir consistant, quand on le peut, à hâter l'avènement du droit universel ?

Pour que cette alternative fût réalité, il faudrait avoir détruit préalablement un troisième terme, qui nous sert à résoudre le problème : la force des idées.

L'évolution du droit, dans un pays déterminé, ne se fait pas seulement par voie d'autorité, c'est-à-dire par voie législative. Ceux qui dénient aux magistrats le pouvoir nécessaire pour assouplir les règles juridiques imposées par le législateur, et pour les plier aux besoins nouveaux et aux conceptions modernes, ceux-là ne peuvent pourtant pas méconnaître la puissance de l'opinion publique, l'attraction exercée par un idéal sans cesse plus élevé de justice, l'influence attribuable aux théories même des dogmatiques.

Nous avons le pouvoir, et, par conséquent, nous avons le devoir d'enseigner quelle marche accomplissent les droits des différents peuples, et comment, peu à peu, ils s'approchent de l'unité. En éclairant les esprits, en attirant l'attention de tous sur cette évolution mutuelle vers le droit universel et sur les influences réciproques qui hâtent et facilitent cette évolution, nous travaillons plus utilement à préparer l'avènement du droit unitaire, que si nous prétendions imposer ce droit par voie d'autorité.

Mais il y a plus et mieux. Il est incontestable que l'une des idées dégagées par le droit comparé est la suivante : Peu à peu, l'esprit démocratique l'emporte sur l'autorité. Les peuples veulent, aujourd'hui, se gouverner eux-mêmes; ils veulent avoir le droit de suffrage, et, souvent aussi, le droit d'initiative. Le suffrage universel même ne suffit plus : on veut le référendum. Cet esprit gagne les pays autocratiques, et fait des progrès dans les monarchies constitutionnelles. Le jour viendra où les peuples contrôleront eux-mêmes leurs gouvernements, et prendront en mains, partout, les affaires de l'État.

Comment vouloir imposer par voie d'autorité le « droit commun législatif » sans méconnaître cette poussée universelle vers la démocratie, sans l'arrêter, sans la contrecarrer, et sans agir en sens inverse des données du droit comparé?

On se trouve alors amené à tourner dans ce cercle : pour imposer le droit « commun législatif » par voie d'autorité, il faut imposer notamment à tous les peuples des constitutions démocratiques. Or toute constitution démocratique est fondée sur le respect de la volonté du peuple, et, par conséquent, est inconciliable avec le dessein d'imposer le « droit commun législatif » par voie d'autorité.

Il est impossible de sortir de là, et nous devons conclure, sur ce point, en disant que le droit comparé a suffisamment de force en lui-même, pour s'imposer à l'attention du monde. Pas d'impatience vaine. Le droit universel ne s'établira qu'avec une extrême lenteur. A nous de hâter sa venue par nos travaux. Mais ne le rendons pas odieux, en voulant l'imposer par la force.

Nous avons montré quel était le but du droit comparé, nous avons dit quelle en était l'utilité, et nous avons soutenu qu'il ne devait pas être imposé, par voie d'autorité, aux droits nationaux.

Pour avoir déterminé nettement le domaine du droit comparé, il nous reste à dire en quoi le droit comparé ressemble à la philosophie du droit, et par quoi il en diffère.

Nous avons déjà montré que le droit comparé touchait à la philosophie du droit, et qu'ainsi se justifiait le titre donné à la chaire de Lerminier : *Histoire générale et philosophique des législations comparées.*

Pour préciser davantage, il faut dire que la philosophie du droit et le droit comparé ont le même objet : c'est par quoi ils se ressemblent; mais qu'ils n'ont ni le même but, ni la même méthode : c'est par quoi ils diffèrent.

La philosophie du droit, dans l'acception moderne du mot, et non pas dans le sens où l'entendaient les « docteurs du droit naturel », a le même objet que le droit comparé. Tous deux étudient l'idée de justice, et poursuivent cette étude : non seulement au travers de la législation et de la jurisprudence, mais encore dans les doctrines philosophiques, dans les mœurs, dans les obscures tendances, dans les phénomènes même d'ordre physique; non seulement au moment présent, mais encore depuis l'Antiquité et en parcourant toute l'échelle des âges passés; non seulement chez un peuple déterminé, mais encore chez tous les peuples de la terre.

Mais le but de la philosophie du droit et celui du droit comparé ne sont pas les mêmes.

La philosophie du droit a un but double.

Elle s'efforce, en premier lieu, de dégager les lois qui régissent l'évolution de l'idée de justice dans ce que l'on appelle le droit *positif* (législation et jurisprudence), ainsi que les lois, qui régissent l'évolution de la même idée dans ce qu'on peut dénommer le droit *idéal* (tel que le manifestent les doctrines philosophiques, l'état successif des mœurs, de la civilisation et des arts, et tout ce qui peut servir à exprimer les sentiments profonds des peuples).

Elle cherche, en second lieu, à déterminer les lois qui régissent les actions et réactions exercées, dans le cours des temps, par le droit *positif* sur le droit *idéal*, et réciproquement.

La philosophie du droit est une science tout à fait jeune, mais dont les résultats déjà connus permettent de dire : que, vraisemblablement, le droit *positif* et le droit *idéal* suivent des évolutions non pas parallèles, mais convergentes; que le droit *idéal* est généralement en avance sur le droit *positif*, et exerce par conséquent une action sur celui-ci plus souvent qu'il n'en reçoit lui-même une impulsion; que le retard du droit *positif* sur le droit *idéal* semble avoir une tendance à diminuer, au fur et à mesure que les peuples deviennent plus conscients de leurs droits et s'occupent plus directement des affaires de l'Etat; enfin, que le droit *positif* et le droit *idéal* tendent à se rapprocher l'un de l'autre et semblent devoir se confondre l'un avec l'autre dans un avenir encore très nébuleux.

Nous avons montré quel était le but du droit comparé.

La différence entre ce but et celui de la philosophie du droit est donc nettement établie.

Si on veut la résumer en une formule, on peut dire que la philosophie du droit étudie les lois d'une évolution qui tend à la fusion entre le droit *positif* et le droit *idéal*; tandis que le droit comparé étudie les lois d'une évolution qui tend à la fusion entre les *droits positifs des diverses nations*.

On pourrait croire, si l'on s'en tenait à ces termes, que le droit comparé est tout simplement cette portion de la philosophie du droit, qui a pour but de dégager les lois de l'évolution de l'idée de justice dans le droit *positif*. Ce serait ainsi l'une des parties de la philosophie du droit.

Il n'en est rien, pourtant.

C'est ce qui apparaîtra clairement quand nous aurons distingué la philosophie du droit et le droit comparé au point de vue de leurs méthodes respectives.

Quand la philosophie du droit formule les lois de l'évolution de l'idée de justice dans le droit *positif*, elle utilise pour cela les matériaux fournis par la science juridique : les textes de lois et les monuments de la jurisprudence en tous temps et tous pays; et, *sans faire appel à d'autres données*, elle fixe les règles suivant lesquelles les institutions juridiques se sont transformées les unes dans les autres, et celles suivant lesquelles elles ont été telles dans certains pays et autres dans certains autres pays.

Quand la philosophie du droit formule les lois de l'évolution de l'idée de justice dans le droit *idéal*, elle utilise les matériaux fournis par l'histoire générale, par l'histoire des doctrines philosophiques, par l'histoire des civilisations, des mœurs et coutumes, des arts et des sciences, par l'histoire des doctrines économiques, par la climatologie et l'ethnographie, par tout ce qui, en un mot, a pu influer sur les idées et les conceptions théoriques des peuples; et, *sans faire appel davantage à d'autres données*, elle fixe les règles selon lesquelles l'idéal de justice s'est transformé, et selon lesquelles il se fait qu'il ait été tel dans certains pays, et autre dans certains autres pays.

Quand, enfin, la philosophie du droit formule les lois qui régissent les actions et réactions exercées, dans le cours des temps, par le droit *positif* sur le droit *idéal*, et réciproquement, elle utilise les deux séries de lois qu'elle a elle-même établies : la première série touchant l'évolution de l'idée de justice dans le droit *positif*, la seconde série touchant l'évolution de la même idée dans le droit *idéal*. Elle compare ces deux séries, et trouve alors les lois selon lesquelles les idées ou les sentiments juridiques ont influé sur les institutions, et réciproquement, celles selon lesquelles les législations ou les jurisprudences nouvelles ont orienté et stimulé les théories juridiques et fait naître de nouvelles conceptions sur la justice. Ces lois de comparaison font parvenir jusqu'aux éléments les plus élevés et les plus difficiles à découvrir de la philosophie du droit, jusqu'aux lois suprêmes, qui indiquent vers quelle fin commune se dirigent les évolutions de l'idée de justice dans le droit *positif*, d'une part, et dans le droit *idéal*, d'autre part.

Toute la méthode de la philosophie du droit ainsi comprise

consiste à dégager deux séries de lois *indépendamment l'une de l'autre;* puis à mettre au jour les lois suivant lesquelles ces deux séries ont influé mutuellement l'une sur l'autre. Cette méthode se justifie, parce que ce sont ces dernières lois, et elles seulement, qui peuvent nous révéler les vérités suprêmes de la philosophie du droit.

Le droit comparé procède autrement.

Puisqu'il a pour but d'étudier les lois d'une évolution, qui tend à la fusion des droits *positifs* des diverses nations, c'est à l'étude des droits *positifs* qu'il doit principalement s'attacher. Mais il ne les étudie *pas sans faire appel à d'autres données* que celles du droit positif. Bien au contraire, il ne sépare jamais les institutions juridiques, dans un pays déterminé, de tout ce qui les motive et les explique. Les doctrines philosophiques, le sentiment populaire, la civilisation, les mœurs, les besoins économiques et sociaux, l'état des sciences et des arts, la climatologie, l'ethnographie, tout lui sera bon pour mettre les institutions juridiques d'un pays donné dans leur cadre historique, philosophique et social. Et, quand le droit comparé aura procédé ainsi pour un grand nombre d'institutions juridiques, il pourra se vanter de pouvoir déterminer avec certitude ces grands courants dont nous avons parlé, et de pouvoir dire vers quel type juridique ils se dirigent.

Les deux séries de phénomènes que la philosophie du droit sépare puis compare entre eux, le droit comparé les rapproche dès l'abord.

Le droit comparé se distingue donc non seulement de la philosophie du droit, mais encore de la partie de la philosophie du droit qui est consacrée à l'étude de l'évolution de l'idée de justice dans le droit *positif.*

Mais, une fois ces différences marquées, il importe de faire observer que, si un traité général de philosophie du droit et un traité général de droit comparé, ainsi compris, se distinguent aisément l'un de l'autre, il est au contraire malaisé de dire si telle monographie, telle étude partielle doit être classée dans le droit comparé ou dans la philosophie du droit.

C'est que ces deux branches du savoir humain sont, en effet, très voisines. Les données qui sont mises en œuvre par la philosophie du droit et par le droit comparé sont, nous l'avons dit, les mêmes. Il n'est donc pas étonnant que ces deux disciplines se prêtent un mutuel appui, et que tout progrès de l'une soit un progrès de l'autre. Il n'est pas davantage surprenant que les mêmes hommes contribuent à l'avancement et du droit comparé et de la philosophie du droit.

Mais, dans l'intérêt des progrès qu'il s'agit d'accomplir, il importe de prendre une conscience nette des différences qui existent entre la philosophie du droit et le droit comparé.

C'est pourquoi, au début de notre cours de droit comparé, nous avons cru devoir insister sur ces différences auxquelles on n'a peut-être pas assez pensé jusqu'ici.

Elles placent, croyons-nous, le droit comparé en son rang véritable et lui confèrent son véritable caractère : celui d'une science complexe et difficile, qui met en œuvre tout le savoir du jurisconsulte, en même temps que toutes les connaissances du sociologue, et que les facultés généralisatrices du philosophe.

HENRI HAYEM.

5e ANNÉE 1909

REVUE

DE

DROIT INTERNATIONAL PRIVÉ

ET DE

DROIT PÉNAL INTERNATIONAL

FONDÉE PAR

A. DARRAS

RÉDIGÉE PAR

A. de LAPRADELLE

PROFESSEUR AGRÉGÉ A LA FACULTÉ DE DROIT DE PARIS
ASSOCIÉ DE L'INSTITUT DE DROIT INTERNATIONAL

SOUS LE PATRONAGE DE MM.

A. LAINÉ Professeur à la Faculté de droit de Paris	**A. WEISS** Professeur à la Faculté de droit de Paris	**A. PILLET** Professeur à la Faculté de droit de Paris
De BŒCK Professeur a la Faculté de droit de Bordeaux	**E. AUDINET** Professeur à la Faculté de droit d'Aix	**E. BARTIN** Professeur à la Faculté de droit de Paris

et avec la collaboration de jurisconsultes, magistrats et professeurs, français et étrangers

Secrétaire de la rédaction : **P. GOULÉ,** Docteur en droit, ancien magistrat

Abonnement annuel

France................ **20** francs. — Étranger.................. **22** fr. **50**

L'année terminée se vend..... .... **22** francs.

Le Gérant : L. LAROSE.

BAR-LE-DUC. — IMPRIMERIE CONTANT-LAGUERRE

www.ingramcontent.com/pod-product-compliance
Ingram Content Group UK Ltd.
Pitfield, Milton Keynes, MK11 3LW, UK
UKHW020446220726
13923UKWH00005B/2370

9 782019 270124